Q

Erich Fried

und VIETNAM und

Einundvierzig Gedichte

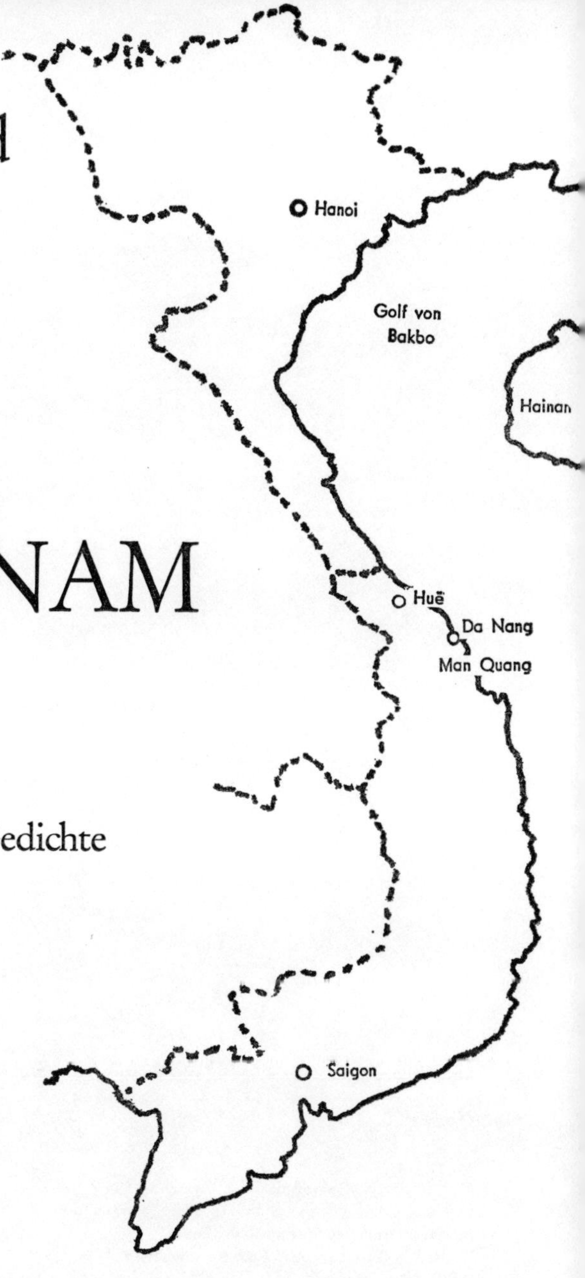

Verlag Klaus Wagenbach Berlin

Bitte verlangen Sie unseren kostenlosen Verlagsalmanach ›Zwiebel‹

Quartheft 14

23.-24. Tausend 1989

Satz und Druck Poeschel & Schulz-Schomburgk, Eschwege
Bindung Druckerei Wagner, Nördlingen

ISBN 3 8031 0014 3

Inhalt

Das Land ... 7

I
Gründe 11
Pastor R. in Hamburg 13
Was alles heißt 14
42 Schulkinder 16
Verhinderter Liebesdienst 18
Richtigstellung 19
Gezieltes Spielzeug 20
Beim Zeitunglesen in London 21
Aktion Strategische Dörfer 22
17. – 22. Mai 1966 23
Falls es vorübergeht 24
Logik 25
Unbestätigte Gerüchte 26

2
Eiserne Ration 29
Flüchtlinge 30
Presseklub 31
Antiquitätenladen in Saigon 32
Beim Nachdenken über Vorbilder 33
Nach dem Monsun 34
Siesta in Huë 35
Einbürgerung 36
Vision im Golf von Bakbo 37
Letzter Brief nach Boston 38
Der Freiwillige 40

3

Greuelmärchen 45
Pressekonferenz LBJ, Frühjahr 1966 48
Messung eines Staatsoberhauptes 49
Neue Rangordnung 50
Im Pentagon 51
Tiefer Trunk 52
Unterschied 53
Vom Gleichgewicht durch Befriedung 54
Gleichheit Brüderlichkeit 55
Einleuchtend 57
Vordruck 58
Preislied für einen Freiheitskrieger 59
Amerika 61
Fragen eines später Geborenen 62
Einer singt 64
Anpassung 65

Vietnam-Chronik 66

Das Land liegt sieben Fußtritte
und einen Schuß weit

seine südliche Hälfte
heißt Demokratie

In ihrer Hauptstadt Sodom
regiert ein Soldat der *Mein Kampf* lernt

Die Mönche sind buddhistisch
oder katholisch

Die buddhistischen Mönche
werden oft Rote genannt

In Wirklichkeit sind sie gelb
aber nicht wenn sie brennen

Der Stamm Nung spricht chinesisch
und bringt schweigende Menschen zum Sprechen

Das wußte schon Tschiang Kai-Schek
das wußten auch die Franzosen

Die Zungenlöser der Nung
erhalten jetzt fünf Dollar täglich

Nicht aus Washington nur von Soldaten
auf eigene Rechnung

Die New York Times nennt die Verhöre
Orientalische Fragespiele

Gefangene Partisanen werden getauft
sie erhalten alle den Namen Patrice Lumumba

Fleisch wird zubereitet
auf zweierlei Art

Entweder langsam mit Napalm
oder schnell mit Benzin

Letzteres gilt als barbarisch
ersteres nicht

Geschlachtet wird vorher
bei keiner der beiden Methoden

Das Land ist leicht zu erreichen
auch für größere Expeditionen

Die Fremdenführer
werden Ephialtes genannt

Man fährt durch die Bucht der Schweine
ohne Umweg zu den Bordellen

Die Mädchen sind zierlich
ihre Särge sind leicht zu tragen

Die Toten werden verbrannt
wie die Lebenden

Wenn man die Augen zumacht
und völlig stillsitzt

kann man von weitem sehen
was in dem Land geschieht

I

Gründe

»Weil das alles nicht hilft
Sie tun ja doch was sie wollen

Weil ich mir nicht nochmals
die Finger verbrennen will

Weil man nur lachen wird:
Auf dich haben sie gewartet

Und warum immer ich?
Keiner wird es mir danken

Weil da niemand mehr durchsieht
sondern höchstens noch mehr kaputtgeht

Weil jedes Schlechte
vielleicht auch sein Gutes hat

Weil es Sache des Standpunktes ist
und überhaupt wem soll man glauben?

Weil auch bei den andern nur
mit Wasser gekocht wird

Weil ich das lieber
Berufeneren überlasse

Weil man nie weiß
wie einem das schaden kann

Weil sich die Mühe nicht lohnt
weil sie alle das gar nicht wert sind«

Das sind Todesursachen
zu schreiben auf unsere Gräber

die nicht mehr gegraben werden
wenn das die Ursachen sind

Pastor R. in Hamburg

Feindseligkeit macht nicht selig
Viel Feind viel Ehr
ist ein Saure-Trauben-Wort
und hat Deutschland zwei Kriege beschert

Und wer will gern Feinde haben
noch dazu so mächtige Feinde
und warum die Amerikaner
die uns erlösten von Hitler

Aber wie lange
kann ich noch sagen »Freunde«
»Freunde ihr habt euch geirrt
in Vietnam und Santo Domingo«

Ich habe gesprochen
gegen russische Panzer in Ungarn
Soll ich heute schweigen?

Was alles heißt

1

Warum warst du nicht wie der Baum Trung Quan?
sagt ein Mädchen

Das heißt
ihr Geliebter ist einer von den Verbrannten

Die Blätter des Baumes Trung Quan fangen nicht Feuer
wie Bambusstäbe oder wie Menschenhaut

2

Fauler Hund
heißt eine eiserne Kreuzung
von Fliegerbombe und Dumdumgeschoß
Sicherheitszünder
heißt ein Bauer den man vorantreibt
an einem Strick über ein Minenfeld

Tauziehen
heißt einen Gefangenen
an einem Tau nachschleifen
beim Durchfahren durch ein Dorf
das man so verwarnt

Bündel
heißt eine Leiche
in einer geflochtenen Matte
Ernte
heißt eine Reihe von Bündeln
in einem Feld

3
Manches bedeutet so viel
wie die Laune eines
hohen Beamten oder höheren Offiziers

Und manches bedeutet so wenig
wie das Leben einer
Handvoll Bauern Vater Mutter drei Kinder

4
Befriedung eines Dorfes
heißt nicht nur daß man
verdächtige und denunzierte Bauern enthauptet
Befriedung heißt auch
daß man ihnen die Leber
herausschneidet und in die Luft wirft
Die Leber ist Sitz des Mutes

5
Schwarze Jacken und Hosen tragen
heißt Bauer sein
nicht Vietcong sein

Getötet werden
heißt nachher
Vietcong *gewesen* sein

42 Schulkinder

Wie weit ist es
von Guernica nach Man Quang
von Washington nach Berchtesgaden
von München nach Prag
von Berlin und Moskau
nach Warschau?

Wie weit war es
von Guernica nach München?
ein Jahr und fünf Monate
Das ist nicht sehr weit
Wie weit war es
von Guernica nach Warschau
von Hitler bis zu wem
und zu welchem Land?

Von Saigon nach Hanoi so weit
wie von Berlin nach Kiew
oder von Münster hinunter nach Guernica
Ich habe Guernica gesucht auf der Karte
weil ich mir Man Quang
anders nicht vorstellen kann

Was haben die Schulkinder
von Man Quang gelernt von den Bomben?
Was haben wir gelernt
von den Schulkindern von Man Quang?
Was haben wir gelernt
Von Guernica und von Polen
von Coventry Stalingrad Dresden
Nagasaki Suez und Sakiet?

Daß es gar nicht so weit ist
oder daß es noch nicht so weit ist
oder daß es gar nicht so weit
kommen kann?
Die Eltern nahmen die Kinder
in ihren Särgen
um sie hinzutragen
zu den Soldaten

Sie wurden von den Soldaten zurückgeschlagen
und trugen die Särge wieder nach Man Quang

Verhinderter Liebesdienst

Man griff nicht wahllos an
man versuchte sogar
vor dem Abwurf von Napalm und Bomben
auf feindverseuchte Gebiete
Helfer zu schicken
um kleine und größere Kinder
herauszuholen
in die Stadt und in Sicherheit

Die größeren Mädchen hätten
in Saigon für sich selbst sorgen können
und so auch das Lebenbleiben
der Kinder sichergestellt

Doch dieser Liebesdienst
mußte eingestellt werden
weil die verhetzten Bauern
die Kindereintreiber erschlugen
und ihren eigenen Kindern
nicht Leben und Sicherheit gönnten

So blieb den Bombenfliegern
zuletzt keine Wahl

Richtigstellung

Die Roten mißbrauchen den Krieg
um uns anzuschwärzen
wir wären wie König Herodes
besonders auf Kindermord aus

In Wahrheit töten wir Kinder
überaus ungern
wir ziehen es vor
ihre Väter und Mütter zu töten

Unter Umständen auch
ihre Großeltern Onkel und Tanten
und im Ernstfall
ihre älteren Schwestern und Brüder

Aber höchstens durch Zufall
werden Kinder eigens getötet
sonst fast ausnahmslos
nur im Familienverband

Gerüchte, daß U.S.-Flieger absichtlich Schulen mit Bomben belegt hätten, wurden nachdrücklich dementiert.

Gezieltes Spielzeug

1
Abwurf
von Spielzeug
statt Bomben
zum Fest der Kinder

sagten die Marktforscher
das
macht zweifelos
großen Eindruck

Es hat sehr großen
Eindruck
gemacht
auf die ganze Welt

2
Hätte das Flugzeug
lieber vor vierzehn Tagen
Spielzeug heruntergeworfen
und jetzt erst die Bomben

hätten meine zwei Kinder
noch vierzehn Tage
durch eure Güte
etwas zum Spielen gehabt

Zum vietnamesischen »Fest der Kinder« warfen U.S.-Flugzeuge Spielzeug ab, auch auf Dörfer, in denen ihre Bomben noch kurz zuvor Kinder getötet hatten.

Beim Zeitunglesen in London

Die Amerikaner
verwenden Giftgas. Nein das
ist eine antiamerikanische Lüge.
Es sind nur die Südvietnamesen
die amerikanisches Gas
von amerikanischen
Hubschraubern aus verwenden.
Die Amerikaner selber
verwenden es nicht

Außerdem ist es
eine »nichtgiftige Abart«
ein »nichttödliches Reizgas«
es »verursacht nur Kopfweh und Brechreiz
und in einigen Fällen
vorübergehende Blindheit«

Aber es gestattet den Südvietnamesen
vergaste Partisanen
von vergasten Zivilpersonen
zu trennen und sie zu töten
noch kampfunfähig und blind.
Und die Wirkung im größeren Umkreis
kann sich als tödlich erweisen
auch für uns
im weiteren Kriegsverlauf

Aktion Strategische Dörfer

Der Versuch
eine ganze Nation von Bauern
anzusiedeln
in geschlossenen Lagern
nachts hinter Stacheldraht
tagsüber auf Außenarbeit
unter Bewachung
durch Befriedungseinheiten

Dieser Versuch
ein völlig neuer Gedanke
in der Geschichte
der früheren Kolonien
hat durch Störenfriede
eingeschleust aus dem Norden
Schiffbruch erlitten
obwohl er erst hoffnungsvoll schien

17. – 22. Mai 1966

Aus Da Nang
wurde fünf Tage hindurch
täglich berichtet:
Gelegentlich einzelne Schüsse

Am sechsten Tag wurde berichtet:
In den Kämpfen der letzten fünf Tage
in Da Nang
bisher etwa tausend Opfer

Falls es vorübergeht

Die geringste
Folge des zweiten Weltkriegs
ist die Frage
wenn man einem Deutschen begegnet:

War er dabei
damals vor vielen Jahren
wen hat er umgebracht
in Auschwitz oder in Rußland?

Die geringste
Folge des Kriegs in Vietnam
wird die Frage sein wenn man
einem Amerikaner begegnet:

War er dabei
damals vor vielen Jahren
in Saigon oder in Da Nang
wen hat er umgebracht?

Logik

Wenn es
gestattet ist
daß man
die Kinder
bestattet
dann
ist es
auch
erlaubt
daß man
die Bäume
entlaubt

Unbestätigte Gerüchte

Angenommen
die chinesischen Kommunisten
beschlössen China zu sichern
durch Einverleibung Vietnams
auch wenn dessen Bewohner
ihrem großen nordöstlichen Nachbarn
seit alters nicht näherstehen
als etwa die Polen den Russen

Sie müßten zuerst nur erreichen
daß westliche Truppen
in Vietnam so hausen
wie richtige Weiße Teufel
Dann sähen die Vietnamesen
trotz all ihrer alten Bedenken
endlich in China
den Schutz vor der Weißen Gefahr

Seit den letzten Erfolgen
der amerikanischen Truppen
und Ratgeber in Vietnam
im Süden und weiter nördlich
kursieren Gerüchte
daß in Moskau Gerüchte kursieren
das Weiße Haus sei
gekauft von Mao Tse-Tung

Eiserne Ration

Wenn man das Unrecht
in viele Scheiben zerlegt
wie dünn muß die Scheibe
auf meinem täglichen Brot sein

Flüchtlinge

Manche starben
diese
wurden gerettet

und sterben nun langsam
an der Dankesschuld
gegen die Retter

an ihrer Dankbarkeit
oder
an ihrer Undankbarkeit

Presseklub

Finde dir Freunde
die deine Meinung
teilen
Es lohnt sich

auch wenn du findest
daß sie nicht ganz
einer Meinung mit dir sind
und daß es sich lohnt

etwas
von deiner Meinung
zu opfern
dem guten Einvernehmen

Freundschaft
wird fest und verläßlich
durch solches
Entgegenkommen

Rechthaberei
ist weniger mächtig
und nützlich
als Eintracht

Hast du einmal
eine Meinung
gehabt?
Dafür hast du jetzt Einfluß

Antiquitätenladen in Saigon

Durchbrochene Elfenbeinkugeln
geschnitzt noch im alten Annam

umschließen kleinere Kugeln
die wieder Kugeln umschließen

alle vielfach durchbrochen
und frei beweglich

ineinander geschnitten
in mühsamer Arbeit

aus einem Stück
ohne erkennbaren Zweck

Auch der Krieg in Vietnam
ist vielfach durchbrochen

und durch die Löcher
bestaunt man kleinere Kriege

umschlossen vom großen
im Inneren frei beweglich

und hört sie rasseln
alle von Menschenhänden

in mühsamer Arbeit geschnitten
aus einem Stück

Beim Nachdenken über Vorbilder

Die uns
vorleben wollen

wie leicht
das Sterben ist

Wenn sie uns
vorsterben wollten

wie leicht
wäre das Leben

Nach dem Monsun

Regenstadt
da baut sich der Wind
eine Arche
für die Tauben
und für den Staub
und seine drei Söhne

die werden
die Flut überleben
den Himmel versöhnen

Statthalter dieser Welt
wieder staubig
und wieder taub

Siesta in Huë

Am Nachmittag bin ich müde
wo meine Brille riesige Wimpern spiegelt
spiegelt sich ein Gedanke
farbig gebrochen
im Feld eines Blinzelns
in den geschliffenen Worten
in den gebogenen Silben
am Rand eines Gähnens

Wo die gebrochenen Worte
am hellichten Tag meiner Brille
weggefegt werden
von den winzigen Wimpern
spiegeln sich zahnlose Lippen
in blanken Zähnen
die nagen lippenlos
am Rand eines Gedankens

Einbürgerung

Weiße Hände
rotes Haar
blaue Augen

Weiße Steine
rotes Blut
blaue Lippen

Weiße Knochen
roter Sand
blauer Himmel

Vision im Golf von Bakbo

Haifischgedränge
da wird die See bis Hainan
leicht überquerbar
im Sprung
von Flosse
zu Flosse

Die lächeln
unserem Kriegstanz
zwischen Himmel
und zahnigem Wasser
die tragen uns wie der Delphin
den Sänger Arion

Immer mehr Haie
Wir hüpfen
von Dreieck
zu Dreieck
Nur nicht rasten
Nur nicht lang überlegen

Letzter Brief nach Boston

Wenn ich weiß
daß ich nicht mehr weiß
wofür ich hier kämpfe
ist mein Weiterkämpfen
vielleicht nicht sinnlos
aber
ich weiß dann daß ich den Sinn
wenn es noch Sinn hat
nur finden könnte
indem ich weiterkämpfe

Wenn ich
nicht wissen will
daß ich weiß
daß ich nicht mehr weiß
wofür ich kämpfe
ist mein Weiterkämpfen nur sinnvoll
für mein Nichtwissenwollen
doch solches Kämpfen
kämpft auch gegen die Frage
nach seinem Sinn

Wenn ich nicht mehr
weiterkämpfen will
weiß ich ich glaube
daß ich nicht wissen kann
ob das Weiterkämpfen noch Sinn hat
und mein Unglaube
an das Wissenkönnen des Sinns
wird zum Glauben
an das Wissen
des Unsinns

Wenn ich nicht weiter will
und nicht wollen kann
wenn ich wissen will
oder glauben will
daß ich weiß
ich kann nichts mehr glauben und wissen
wird immer weitergekämpft
mit oder ohne Sinn
mit oder ohne Glauben
und Können und Wissen und Willen

Der Freiwillige

Dô bedûhte mich zehant
wie mir dienten elliu lant,
wie mîn sêle waere
ze himel âne swaere
WALTER VON DER VOGELWEIDE

Als ich tot lag unter dem Baum
wars als träumte ich einen Traum
Als ich träumte daß ich nur träumte
wars als ob ich mein Leben versäumte
Als ich das Leben rief um mich zu wehren
wars wie ein Weinstock voll giftiger Beeren
Als das Gift zu wirken begann
wars als hörte ich Reden an
Als ich die Reden hörte von Pflicht
wars wie ein Buch das man liest ohne Licht
Als ich im Buch las von Freiheit und Helden
wars als müßte ich gehn und mich melden

Als sie die Meldung entgegennahmen
wars als wüßten sie schon meinen Namen
Als ich den Namen unterschrieben
wars als wär das Blatt leergeblieben
Als ich sie fragte warum bleibt es leer
wars als hörte mich keiner mehr
Als ich fragte ob keiner mich hört
wars als hätt ich sie alle gestört
Als ich sagte ich wollte nicht stören
wars als wären sie Räder und Röhren
Als die Räder und Röhren begannen zu kreisen
wars als wäre die Welt aus Eisen
Als das Eisen begann zu klirren
wars wie ein Bienensummen und Schwirren
Als ich mich schützen wollt vor den Bienen
wars als wär ich umringt von Maschinen

Als die Maschine sich hob in die Luft
wars als wärs eine fliegende Gruft
Als die Gruft sich aufgetan
stand ich im Lande Kanaan

Als ich in Kanaan stand wie ein Ritter
wars als murrten die Kanaaniter
Als ich ihr Murren begann zu verstehen
wars als müßt alles in Flammen stehen
Als mich die Flammen begannen zu brennen
wars als müßt ich den Brandstifter kennen
Als ich ihn sah und kannte im Spiegel
wars als zerbrächen die Sieben Siegel
Als ich spürte sie waren zerbrochen
wars als klirrte mir Eis in den Knochen
Als das Eis zu schmelzen begann
wars als fing ich zu sehen an

Als ich anfing alles zu sehen
wars als wäre ein Mord geschehen
Als ich zu suchen begann nach dem Täter
wars als ob Schulfreunde riefen »Verräter«
Als ich fragte wen habt ihr gerufen
wars als stießen sie mich über Stufen
Als ich kniete und fragte sie wieder
wars als hörte ich »Schießt ihn nieder«
Als ich dachte ich höre nicht gut
wars als wäre ich rot von Blut
Als ich das Blut nicht konnte stillen
wars als schrieb ich den letzten Willen
Als ich merkte ich kann nicht mehr schreiben
wars als würde kein Wille mir bleiben
Als ich sah daß mein Wille gut war
wußte ich warum ich voll Blut war

Greuelmärchen

1
Der Menschenfresser
hat kein Auge auf seiner Stirn
nur Sorgenfalten
wie ein Dackel der leidet an Tollwut

Er haßt alles Rohe
und läßt flüssiges Feuer verspritzen
daß weit und breit
alles gebraten wird

2
Der Menschenfresser frißt keinen
der nicht sein Feind ist
Wen er fressen will
den macht er sich erst zum Feind

Nach ein zwei Bissen
hat er sich dann auch alle
die den Gefressenen kannten
zu Feinden gemacht

3
Der Menschenfresser will ungern
seine eigenen Mitbürger fressen
Er geht lieber ans Ende der Welt
um sich gehen zu lassen

Es geht ihm auch nicht um sich selbst
er hat eine schwache Verdauung
Er schickt nur seine Leute:
»Eßt *euch* an meiner Statt satt!«

4
Der Menschenfresser
ist in Wirklichkeit gar nicht herzlos
Er bangt um jeden
den er ausschickt sich sattzuessen

Doch die Feinde findet er feige
denn sie ermorden
aus dem Hinterhalt seine Leute
die Menschenfleisch holen kommen

Drum sammelt er Bilder
was sie taten mit seinen Leuten
Er sagt: »Das zahlen wir ihnen
mit Zinsen heim!«

5
Der Menschenfresser
will nicht alles für sich behalten
Er lädt Freunde zu Tisch
mit denen er teilen will

Er bedenkt seine Gäste
mit reichlichen Gastgeschenken
und lobt aus vollem Munde
die freie Wahl der Ernährung

6
Der Menschenfresser
ernährt pausbäckige Redner
die überall sagen
er ißt an sich gar keine Menschen

Er verschluckt nur aus Notwehr
die Angreifer die sich stürzen
in seinen Mund
um ihn selbst von innen zu fressen

7

Der Menschenfresser
will gerne in Frieden verdauen
dann sagt er zu seinen Leuten:
»Macht eine Pause!«

Die benutzen sie um zu erklären
daß er schonungsvoll sei und enthaltsam:
»Er nahm seit der letzten Mahlzeit
nicht *einen* Menschen zu sich.«

8

Der Menschenfresser
frißt nicht nur erwachsene Feinde
Er weiß: Wer das Kleine nicht ehrt
ist des Großen nicht wert

Doch den angebissenen Kindern
schenkt er schönes weißes Verbandzeug
bis zum nächsten Mal
dann kommt das zweite Bein dran

9

Die Nachbarn des Landes
in dem er den Auftrieb an Menschen
so nahrhaft findet
werden vorsorglich aufgepäppelt

Der Menschenfresser
kann ihr dürres Elend nicht sehen
er läßt sie füttern
als ob bald Weihnachten wäre

Pressekonferenz LBJ, Frühjahr 1966

Gentlemen
ich will Ihnen nicht verschweigen
daß der Präsident
der Vereinigten Staaten

heute geweint hat
Ja ich habe geweint
als ich las was ein Junge
namens Comachio

berichtete nach seiner Flucht
aus einem Gefangenenlager
der Vietcong...

Messung eines Staatsoberhauptes

Euer Führer
Monarch
Präsident
will groß sein?
Nun ja

Wir haben
als Maßstab dafür
seit Nimrods Zeiten
die Strecke
die Strecke des Jägers
die Anzahl
die hingestreckt
blieb

Schon sehr beachtlich
noch lange nicht
so groß
wie Hitler
doch andererseits
zum Beispiel
schon größer
als Nero:

Sein Platz
ist ihm sicher
Vergessen
wird man ihn nicht

Neue Rangordnung

Vor dem Treffen mit Präsident Johnson
kam Hitler an erster Stelle
dann kam lange
nichts
und dann erst Präsident Johnson

Aber seit Honolulu
kommt Johnson an erster Stelle
dann kommt
ein kleiner Abstand
und dann erst Hitler

Der Präsident
wirkt langsam
wie Gottes Mühlen
durch Umtausch der Reihenfolge
für Demokratie

Im Pentagon

Der Krieg in Vietnam findet nicht nur in Vietnam statt, er ist überall. In allen Ländern der Erde spüren wir ihn, fühlen uns von ihm bedroht, hoffen auf sein Ende. ROBERT HAVEMANN

Sie berechnen
die Masse des Nichts
den Kurswert der Explosionen
und die Halbierungsperiode
der Intelligenz
und die Transformationen
von Menschen in strahlenden Staub
zur Erhaltung der Energie
der bestehenden Ordnung

Tiefer Trunk

Die Katze wollte fischen
die Fische schwammen fort
Die Katze wurde wütend
und maunzte Wort für Wort:

»Wenn das Meer die Fische vor mir beschützt
dann trink ich es eben aus
Dann hilft dem Meer keine Gegenwehr
Und dann erst geh ich nach Haus!«

Die Katze riß das Maul auf
und warf sich in die Flut
Sie fing gleich an zu saufen
Aufs Ganze ging ihr Mut:

»Wenn das Meer die Fische vor mir beschützt
dann trink ich es eben aus
Dann hilft dem Meer keine Gegenwehr
Und dann erst geh ich nach Haus!«

Sie kommt noch nicht nach Hause
Das Meer ist auch noch tief
doch tausend Katzen springen ihr nach
und singen was sie rief:

»Wenn das Meer die Fische vor mir beschützt
dann trink ich es eben aus
Dann hilft dem Meer keine Gegenwehr
Und dann erst geh ich nach Haus!«

BUP berichtet, der U.S.-Kommandant in Saigon habe, anspielend auf Mao Tse-Tungs Rat an die Partisanen, zu sein wie der Fisch im Meer, gesagt: »Wenn die Bauern für die Vietcong dasselbe sind, was das Meer für die Fische ist, dann werden wir dieses Meer eben trockenlegen.«

Unterschied

Was uns von ihnen trennt
ist ihre Lehre
jedes Mittel sei recht
für den großen Zweck

Drum muß man sie bekämpfen
wo sie sich zeigen
Jedes Mittel ist recht
für den großen Kampf

Vom Gleichgewicht durch Befriedung

Und als die Hunde erschossen waren
da haben die Katzen sich sehr vermehrt
da kam eine Maus mit grauen Haaren
und hat sich beim Menschen beschwert

Warum wir die Hunde abgeschafft haben?
hab ich vergessen – zu dumm
Aber da vor dir liegt ein Hund begraben
Mach ein Loch und frag ihn warum

Gleichheit Brüderlichkeit

Vietnam ist Deutschland
sein Schicksal ist unser Schicksal
Die Bomben für seine Freiheit
sind Bomben für unsere Freiheit

Unser Bundeskanzler Erhard
ist Marschall Ky
General Nguyen Van Thieu
ist Präsident Lübke

Die Amerikaner
sind auch dort die Amerikaner
Katholiken und Protestanten
sind dort Katholiken

doch die Sozialdemokraten
sind die Buddhisten
die Gewerkschaften sind die Vietcong
Hanoi ist Pankow

Saigon ist Bonn
und Westberlin ist Da Nang
Ein großer Teil des Landes
ist finsterer Urwald

Um festzustellen
wer bei uns Thich Tri Quang wird
ist die Umgebung von Bonn
noch zu wenig erforscht

Bonns Landesvaterrecht
über Berlin ist drum wichtig
und die Stadtkinder dort
sind strengstens zu kontrollieren

Ein buddhistisches Westberlin
wäre nur kleine Schritte
entfernt von Hanoi
Zwar es gibt auch loyale Buddhisten

die nicht wie Berliner
den eigenen Nabel beschauen
und Spiele spielen vor denen
der Landesvaterschaft grauset

In Vietnam ists für derlei zu spät
dort schützt man mit Notstandsgesetzen
die Kinder und ihre Mütter
faßt sie sicher und hält sie warm

und erhält in ihnen
ein brennendes Wissen lebendig
daß die Zukunft die Wieder-
vereinigung sein muß in Freiheit

Was denen dort teures Recht ist
erreicht mit Mühe und Not
uns hier ist es billig
in Vietnam schlägt das Herz von Deutschland

Einleuchtend

Es kann nicht sein
daß die Amerikaner
ohne Notwendigkeit
vietnamesische Kinder verbrennen

Es kann nicht sein
daß die Amerikaner
Marschall Ky unterstützen
wenn er wirklich ein Schurke ist

Sie unterstützen ihn wirklich
er kann also nicht so schlimm sein
und was er sagt
kann nicht so unrichtig sein

Er sagt wirklich
sein Vorbild ist Adolf Hitler
also kann es gar nicht so schlecht sein
wenn man Hitler zum Vorbild nimmt

Doch auch Hitler hat Kinder verbrannt
und nicht in Vietnam sondern näher
Warum also regt man sich auf
wenn die Amerikaner das tun

Vordruck

Links ist Platz geblieben
auf den man schreiben kann
Rechts steht   *...sind unser Unglück*
Wie fing die Zeile an

Die Juden ist kaum mehr zu lesen
ausradiert oder verblaßt:
Schreibt *Chinesen* schreibt *Nordvietnamesen*
schreibt alle hin die ihr haßt

Schreibt einfach *Die Bolschewisten*
Das geht dann weiter so:
De Gaulle und *Die Neutralisten*
Die vom afro-asiatischen Zoo

Die Ostermarschierer Die Roten
Die Polacken Die Gastarbeiter
die Lebenden und die Toten
nur immer weiter

Preislied für einen Freiheitskrieger

Als man ihn fragte
was er fühle beim Anblick
und Anhören aller Einzelheiten des Krieges
sah er dem Frager
dem Engländer Michael Charlton
ins Gesicht
und gab dann die Antwort:
Nichts

Nichts beim Anblick der Toten
beim Hören der Schreie von Frauen
der ächzenden Atemzüge
Gefangener unter der Folter
und nichts beim Klappern
der Krüppelstöcke bombenverstümmelter Kinder.
Nichts beim Riechen des süßlichen Dufts
aus Bambusmatten
in denen die Toten zu lange warten müssen.
Und auch beim Röcheln
seiner eigenen Kameraden
der Neger und Hillbillies
die man einzieht zum großen Verheizen
Nichts

O du vollkommener Krieger
endlich erreichtes Ziel
der Personalplanung
frei von Schwächen und frei verfügbar
Wie könnte man ohne dich
so entscheidende Kämpfe
so fern der Heimat führen?
Was fühlst du?
Nichts

Held der verdinglichten Welt
wer wie du ist
der kann auch Kinder
in die Zähne der Müllschlucker werfen
oder in Gaskammern
die schmerzloser töten als Napalm.
Glücklich der Feldherr
der über dich verfügt
er muß sich keine Hemmungen auferlegen.
Er weiß du bist frei
von weibischen Skrupeln
ein Krieger für so einen Krieg.
Dir fehlt zur Vollendung
Nichts

Dir muß man kein Denkmal setzen
du bist schon lebendigen Leibes
noch schießend
Granaten werfend
noch Sold empfangend
noch grunzend in den Bordellen von Saigon
so hart und beständig
wie die Männer aus Stein und Bronze.
Weil du nichts fühlst
was kann dich beirren?
was kann dich warnen?
was kann dich retten?
Nichts

Das Interview mit dem U.S.-Soldaten wurde am 13. Juni 1966 im BBC-Fernsehen gesendet.

Amerika

in memoriam Norman Morrison

Die Hungerstreiker
die Studenten die auf dem Protestmarsch
niedergeschlagen werden
mit Hickoryknüppeln
und einer der sich verbrannte
in Washington

Die werden wichtiger für Amerika sein
als der sich die Galle hält
mit der Hand
die nie mehr vor Zeugen
seinen Hund
an den Ohren hochheben wird

Wenn es später irgendwo heißt:
Sie sind alle wie der mit der Galle
kann Amerika zeigen auf die
die der mit der Galle nicht mochte
Hungerstreiker Geschlagene Verbrannte
und kann sagen: Woher waren denn die?

Fragen eines später Geborenen

Wenn die Irrtümer verbraucht sind
Sitzt als letzter Gesellschafter
Uns das Nichts gegenüber
BERTOLT BRECHT

Zwar kenne ich diese Sitzung
aber ich will versuchen
die unscharfen Fragen
so scharf zu stellen wie möglich

Fragen die du mich gelehrt hast
mit dem Vermerk:
Sie genügen nicht
aber frage sie!

Zum Beispiel:
Von wem
sind die Irrtümer
verbraucht?

Von uns
oder *an* uns
von unseren Feinden
und Freunden?

Und ist es gut
oder schlecht
oder beides
daß sie verbraucht sind?

Und unwiederbringlich verbraucht
oder reparierbar
oder in Zahlung zu geben
für ein besseres neues Modell?

Und wenn uns das Nichts gegenübersitzt
sitzt es bequem?

Wer stellt den Sitz zur Verfügung
und wer hat ihn hergestellt?

Und wer bezahlt das Nichts
uns gegenüberzusitzen?
Und wie sitzen wir selber?
Und macht es uns Platz wenn uns eng wird?

Und wenn es uns Platz macht
daß wir auch neben ihm sitzen
sitzt dann das Nichts
rechts von uns oder links?

Und noch zwei oder drei
Fragen in dieser Gesellschaft
die uns das Nichts
als Gesellschafter beigibt:

Wie lange sitzt es schon
und wie lange muß es noch sitzen?
Und wenn es genug hat und aufsteht
heißt das dann Aufstand?

Kommt dann der vorletzte
Gesellschafter wieder zurück
oder sind wir dann unter uns
unsre eigne Gesellschaft?

Oder was heißt
das Wort
letzter
uns gegenüber?

Ich gestehe: ich suche
Gesellschaft bei diesen Fragen
auch wenn das Nichts
nichts darauf antwortet

Einer singt

Einer singt
aus Angst
gegen Angst

Einer singt
aus Not
gegen Not

Einer singt
aus der Zeit
gegen die Zeit

Einer singt
aus dem Staub
gegen den Staub

Einer singt
von den Namen
die Namen namenlos machen

Anpassung

Gestern fing ich an
sprechen zu lernen
Heute lerne ich schweigen
Morgen höre ich
zu lernen auf

Vietnam-Chronik

»Ich bin sicher, das große amerikanische Volk würde mit mir übereinstimmen darin, daß weiteres Blutvergießen unnötig ist, wenn es nur die wahren Tatsachen und Hintergründe der Entwicklung in Vietnam kennen würde. Das erste Opfer in Zeiten von Krieg und Feindseligkeiten ist die Wahrheit.« [U Thant, Februar 1965]

1859–83

Französische Truppen erobern Annam. Beginn der Kolonialherrschaft.

1940

Japanische Truppen besetzen Vietnam im Einvernehmen mit Vichy.

1941

Gründung der von Kommunisten (Ho Chi Minh) geführten Widerstandsbewegung Vietminh, die von der US-Regierung unterstützt wird.

1945

März: Staatsstreich der japanischen Truppen gegen die französische Kolonialverwaltung.
September: Ho Chi Minh proklamiert »Demokratische Republik Vietnam«.

1946

März: Anerkennung der Republik durch Frankreich.
September: Unterzeichnung eines modus vivendi zwischen Ho Chi Minh und der französischen Regierung in Paris.
November: Französische Truppen beschießen Haiphong; 6 000 Tote. Beginn des Indochina-Krieges.

1949

März: Frankreich gründet den »Staat Vietnam« unter Bao Dai.

1950

Mai: Beginn der US-Militärhilfe für die französischen Vietnamtruppen. (Kosten 1953: über 1 Milliarde Dollar).

1954

8. 5.: Kapitulation von Dien Bien Phu.
26. 4. – 21. 7.: Genfer Konferenz. Festlegung des 17. Breitengrades als Demarkationslinie bis zum 20. Juli 1956, dem letzten Datum für Wahlen unter internationaler Kontrolle in ganz Vietnam. Bis dahin regiert Ho Chi Minh in Nordvietnam, Bao Dai in Südvietnam. Beide Regierungen werden verpflichtet, weder Militärbündnisse mit fremden Staaten abzuschließen, noch Militärstützpunkte zuzulassen; dies gilt auch für Laos und Kambodscha. Frankreich, Laos, China, Großbritannien, Sowjetunion und Kambodscha unterzeichnen das Abkommen; der amerikanische Außenminister Dulles hatte schon früher die Konferenz demonstrativ verlassen. Ein amerikanischer Sprecher erklärt jedoch, daß »die USA keine Gewalt anwenden werden, um das Abkommen zu stören.«
7. 7.: Bao Dai ernennt den von Kardinal Spellman und Professoren der Michigan State University empfohlenen Ngo Dinh Diem zum Premier.
US-Truppenstärke in Südvietnam: 684.

September: Gründung der SEATO. Ihr schließen sich auch, entgegen dem Genfer Abkommen, Laos, Kambodscha und Südvietnam an. »Der Vertragstext erweckt unangenehme Aussichten auf Schritte, durch die gewisse Regierungen, gegen die berechtigte innenpolitische Opposition besteht, von außen gestützt würden.« [Neue Zürcher Zeitung, 30. 8. 1954]

24. 10.: Eisenhower sagt Diem US-Hilfe zu und »erwartet, daß diese Hilfe durch die nötigen Reformen ergänzt wird.«

»Wären zur Zeit der Kämpfe Wahlen abgehalten worden, hätte wahrscheinlich 80 % der Bevölkerung eher für den Kommunisten Ho Chi Minh als für Staatschef Bao Dai gestimmt.« [D. Eisenhower, Mandate for Change]

1955

20. 7.: Diem lehnt die von Nordvietnam vorgeschlagene Konferenz zur Vorbereitung gesamtvietnamesischer Wahlen ab.

10. 8.: »Die südvietnamesische Regierung betrachtet sich als in keiner Weise an die Genfer Abkommen gebunden«. [Ngo Dinh Diem]

23. 10.: Nationalreferendum setzt Bao Dai ab und erklärt mit 98,8 % Diem zum Staatsoberhaupt.

1956

»In Saigon fand eine Zeremonie der südvietnamesischen Armee statt, während der die französischen Gradabzeichen verbrannt und durch solche nach amerikanischer Art ersetzt wurden. «[UPI, 4. 1. 1956]

»Solange Ordnung und Sicherheit nicht vollkommen gewährleistet sind, können alle Personen, die als gefährlich für die Landesverteidigung oder für die öffentliche Ordnung angesehen werden, in Haft genommen werden.« [Verordnung 6 der südvietnamesischen Regierung vom 11. 1. 1956]

20. 7.: Die im Genfer Abkommen vorgesehenen gesamtvietnamesischen Wahlen finden nicht statt.

Oktober: Verordnung 57 der südvietnamesischen Regierung begrenzt Reislandbesitz auf maximal 145 Hektar (gesetzliches Maximum in Japan: 4 ha).

1957

»Die Regierung Südvietnams hat beschlossen, in Zukunft keine Antwort mehr auf Beschwerden zu erteilen, die mit der Vertragsklausel 14 c in Zusammenhang stehen und auch keinerlei Tätigkeit der in den Genfer Abkommen vorgesehenen Gruppen zu erlauben.« [Bericht der Internationalen Kontrollkommission vom 11. 4. 1957. 14 c des Genfer Abkommens: »Jede Partei verpflichtet sich, jegliche Repressalien oder Diskriminierungen zu unterlassen, die sich gegen Personen richten, die am Krieg teilgenommen haben, und deren demokratische Rechte zu sichern.«]

1 % der Grundbesitzer verfügen über 44 % des Reislandes (1934: 35,8 %).

1958

17. 5.: Nordvietnamesischer Verbindungsstab zur Internationalen Kontrollkommission wird aus Saigon ausgewiesen.

1959

Mai: Gesetz 10/59. Militärgerichte können jeden »Saboteur« zum Tode oder zu lebenslänglicher Zwangsarbeit verurteilen.

30. 8.: Nationalwahlen. Oppositionskandidaten sind nicht zugelassen.

1960

26. 4.: Achtzehn südvietnamesische Minister, Professoren und Priester richten – »ohne Rücksicht auf Konsequenzen, die das für uns hat« – einen öffentlichen Aufruf an Diem, »das System zu liberalisieren, die Demokratie zu fördern, ein Minimum an Bürgerrechten zu garantieren, Opposition zuzulassen, den Familien- und Partei-Nepotismus zu beenden und das Vertrauen in eine ehrenhafte und gerechte Regierung zu erneuern.«
Bebaute Fläche in Südvietnam zwischen 1957 und 1960: Krankenhäuser, Schulen, Reismühlen – 96 000 qm. Kinos, Villen, Tanzhallen, Kirchen – 528 000 qm. [Bulletin of the US-Operations Mission in Saigon, Nr. 4]
20. 12.: Gründung der Nationalen Befreiungsfront (FNL); Vorsitzender wird der Saigoner Rechtsanwalt Nguyen Hu Tho. »Die FNL wurde nicht auf Anregung Hanois gegründet und wird auch nicht von dort geleitet.« [Le Monde, 21. 4. 1965]

1961

18. 10.: Ermächtigungsgesetz für Diem; Notstandserklärung.
Durchschnittliche Profitrate amerikanischen Privatkapitals in Asien: 39 % (in Kanada: 5,8 %). [US-Department of Commerce, August 1962]
Schülerzahlen: Südvietnam 1,6 Millionen (Bevölkerung: 14 Millionen); Nordvietnam 3,8 Millionen (Bevölkerung: 16 Millionen).
Elektrizität: Südvietnam 293 Millionen kwh (1955: 203); Nordvietnam 530 Millionen kwh (1964; 1955: 53).
US-Truppenstärke: 3 500.

1962

April: Erste ›Strategische Dörfer‹.

1963

2. 1.: Erste offene Schlacht (bei Apbac) zwischen FNL und südvietnamesischen Truppen, die unterliegen.
»Es ist höchst beunruhigend festzustellen, daß die Republik Südvietnam nach sieben Jahren nicht mehr, sondern weniger gefestigt ist und dem Ziel einer populären, verantwortungsvollen und verständnisvollen Regierung heute entfernter statt näher. Das amerikanische Interesse rechtfertigt es nicht, den dortigen Krieg zu einem amerikanischen zu machen.« [Bericht der Vietnam-Kommission des US-Senats, 25. 2.]
11. 6.: Erste Selbstverbrennung eines buddhistischen Mönches.
»Bei der nächsten Mönchs-Rösterei klatsche ich Beifall.« [Madame Nhu, 7.8.]
21. 8.: Diem erklärt Standrecht für ganz Südvietnam.
»Diem ist ohne Verbindung zum Volk.« [J. F. Kennedy, 2. 9.]
1. 11.: Ermordung Diems, Sturz der Regierung. Bis Juni 1965 häufiger Regierungswechsel und mehrfache Staatsstreiche.
4. 11.: Rusk lehnt de Gaulles Vorschlag zur Neutralisierung Vietnams ab.
15. 11.: US-Militärsprecher in Saigon kündigt für 3. 12. den Abzug von 1 000 US-Soldaten an.
22. 11.: Ermordung Kennedys.
24. 11.: Präsident Johnson erklärt, er werde den Krieg »fortsetzen«. Beginn der »escalation«.

1964

30. 1.: Staatsstreich. General Khanh wird Premierminister.
April: Khanh erklärt, daß 7 Millionen Einwohner (= 57 % der Landbevölkerung) unter der Kontrolle der FNL leben.
23. 6.: »Die USA sind bereit, die Ausweitung des Krieges in Südvietnam zu riskieren.« [Robert McNamara]
Juli: Aufruf von 5 000 amerikanischen Professoren und Dozenten zur Beendigung des Krieges in Vietnam. – US-Truppenstärke: 23 500.
24. 7.: Johnson lehnt den Vorschlag de Gaulles, eine internationale Konferenz einzuberufen, ab.
4. 8.: Zwischenfall im Golf von Bakbo. US-Zerstörer »Maddox« berichtet von einem Torpedoangriff. Vereinzelte Luftangriffe auf Nordvietnam.
September: Ablehnung des ersten, von U Thant vermittelten nordvietnamesischen Verhandlungsangebots durch Dean Rusk.
»In den letzten Wochen wurden in den Zeitungen Bilder veröffentlicht, die die Folterungen zeigen, die südvietnamesische Truppen an ihren Vietcong-Gefangenen vornehmen. Das merkwürdig Neue an diesen Fotografien ist, daß sie mit Billigung der Folterer aufgenommen und außerdem mit Beschriftungen versehen wurden, die einem Buch über das Insektenleben entnommen sein könnten. Das sind aber doch keine Ameisen, sondern Menschen.« [Graham Greene, 6. 11.]

1965

Januar: Ablehnung des zweiten, durch U Thant vermittelten nordvietnamesischen Verhandlungsangebots durch Dean Rusk.
Februar: Pentagon bestätigt, daß von 7 500 erbeuteten FNL-Waffen 179 kommunistischer (= 2,5 %), der Rest westlicher Herkunft (überwiegend amerikanischer) sind. 19 550 »Infiltratoren« sind fast sämtlich Südvietnamesen, nur sechs stammen nachweislich aus Nordvietnam.
7. 2.: Regelmäßige Luftangriffe auf Nordvietnam beginnen.
19. 3.: Bombardierung des Dorfes Man Quang.
24. 3.: US-Truppen setzen zum erstenmal Gas ein.
»Die Unvollkommenheiten des Menschen sind nun einmal derart, daß die Gewalt oft der Vernunft vorausgehen muß und die Vergeudung des Krieges den Werken des Friedens.« [Lyndon B. Johnson, 8.4.]
11. Juni: Staatsstreich. General Cao Ky wird Premierminister. – US-Truppenstärke: 54 000.
»Ich habe nur ein Vorbild: Hitler.« [General Ky, 6. 7.]
»Durch zehn Jahre hindurch haben die Vereinigten Staaten das Genfer Abkommen von 1954 verletzt und versuchten, einem politischen und wirtschaftlichen Problem eine militärische Lösung aufzuzwingen.« [Wayne Morse, demokratischer Senator, 7. 8.]
September: US-Truppenstärke: 129 000.
Dezember: Aufruf von 200 deutschen Schriftstellern und Professoren zur Beendigung des Krieges in Vietnam.
Tote (1965): etwa 108 000 (davon Zivilisten: 72 000).

1966

Mai: Senator J. W. Fulbright warnt die amerikanische Regierung und Nation vor der »Arroganz der Macht«. – Kämpfe und Meutereien in Da Nang und Huë.

Juli: Großbritannien, der Vatikan, Frankreich, Indien und andere Länder protestieren gegen die Ausweitung des Bombenkrieges auf nordvietnamesische Städte.

August: Seit Beginn der Luftangriffe wurden von US-Flugzeugen über Nordvietnam mehr Bomben abgeworfen als im gesamten zweiten Weltkrieg.

November: US-Truppenstärke: 385 000. – US-Militärbudget für Vietnam seit Beginn des Krieges: 28 Milliarden Dollar.

»Die Vereinigten Staaten, ins Land gekommen, um die Ordnung zu verteidigen, haben einen gewaltigen Beitrag zur allgemeinen Unordnung geleistet: Der Staat ist verfault, die Familie zerrüttet, das Sozialgefüge zersetzt.« [Le Monde, 21. 5.]

1967

August: US-Truppenstärke: 400 000. – Tote: 13 600 US-Soldaten, 55 000 südvietnamesische Soldaten, 228 000 FNL-Soldaten. – US-Militärbudget für Vietnam, für 1968: 24 Milliarden Dollar.

Daten und Angaben dieser Chronik wurden ausschließlich amerikanischen, britischen und französischen Quellen entnommen, hauptsächlich den Vietnam-Büchern von M. G. Raskin/ B. B. Fall (New York 1965), R. Murray (London 1965) und M. E. Gettleman (Harmondsworth 1966).

Klaus Wagenbach

Nachtrag: *Diese Chronik wurde seinerzeit gegen die Unterdrückung von Fakten formuliert; seit 1968 gab die US-Führung den Krieg offen zu und versuchte ihn zu rechtfertigen – ihre interne Einschätzung vorher zeigen die Pentagon-Papers, aus denen hervorgeht, daß Kennedys Schuld größer und Johnsons geringer war.*

Erich Fried, 1921 in Wien geboren, floh 1938 nach der Besetzung Österreichs nach England und lebte seitdem in London; seit 1946 freier Schriftsteller. Übersetzungen aus dem Englischen, Hebräischen und Griechischen (Shakespeare, Dylan Thomas, T. S. Eliot, Sylvia Plath u. a.). Starb 1988.

Deutschland. Gedichte. London (Österr. PEN-Club) 1944
Österreich. Gedichte. London/Zürich (Atrium) 1945
Gedichte. Hamburg (Claassen) 1958
Ein Soldat und ein Mädchen. Roman. Hamburg (Claassen) 1960
Reich der Steine. Zyklische Gedichte. Hamburg (Claassen) 1963
Warngedichte. München (Hanser) 1963/64
Überlegungen. Gedichtzyklus. München (Hanser) 1964
Neuausgabe: Zeitfragen und Überlegungen. Berlin (Wagenbach) 1984
Kinder und Narren. Prosa. München (Hanser) 1965
und Vietnam und. Einundvierzig Gedichte. Berlin (Wagenbach) 1966
Arden muß sterben. Operntext. London (Schott) 1967
Anfechtungen. Fünfzig Gedichte. Berlin (Wagenbach) 1967
Zeitfragen. Gedichte. München (Hanser) 1968
Befreiung von der Flucht. Gedichte und Gegengedichte. Hbg. (Claassen) 1968
Die Beine der größeren Lügen. Gedichte. Berlin (Wagenbach) 1969
Unter Nebenfeinden. Fünfzig Gedichte. Berlin (Wagenbach) 1970
Die Freiheit den Mund aufzumachen. 48 Gedichte. Berlin (Wagenbach) 1971
Gegengift. 49 Gedichte und ein Zyklus. Berlin (Wagenbach) 1974
Höre, Israel! Gedichte. Hamburg (Association) 1974
Fast alles Mögliche. Wahre Geschichten und gültige Lügen. Bln. (Wagenbach) 1975
So kam ich unter die Deutschen. Gedichte. Hamburg (Association) 1977
Die bunten Getüme. Siebzig Gedichte. Berlin (Wagenbach) 1977
100 Gedichte ohne Vaterland. Berlin (Wagenbach) 1978
Liebesgedichte. Berlin (Wagenbach) 1979
Lebensschatten. Gedichte. Berlin (Wagenbach) 1981
Zur Zeit und zur Unzeit. Gedichte. Köln (Bund) 1981
Das Unmaß aller Dinge. Prosa. Berlin (Wagenbach) 1982
Nas Nahe suchen. Gedichte. Berlin (Wagenbach) 1982
Ich grenz noch an ein Wort ... Essay. Berlin (Friedenauer Presse) 1983
Angst und Trost. Geschichten von Juden und Nazis. Frankfurt (Alibaba) 1983
Es ist was es ist. Gedichte. Berlin (Wagenbach) 1983
Beunruhigungen. Gedichte. Berlin (Wagenbach) 1984
Verstandsaufnahme. 61 Gedichte aus vierzig Jahren, gelesen vom Autor. Schallplatte. Berlin (Wagenbach) 1984
Und nicht taub und stumpf werden. Reden. Dorsten (Multimedia) 1984
In die Sinne einradiert. Zu Radierungen v. Catherine Fried. Köln (Bund) 1984
Und alle seine Mörder. Versdrama. Wien (Promedia) 1984
Um Klarheit. Gedichte. Berlin (Wagenbach) 1985
Lysistrata. Bearbeitung. Berlin (Wagenbach) 1985
Von Bis nach Seit. Gedichte 1945-58. Wien (Promedia) 1985
Mitunter sogar Lachen. Zwischenfälle und Erinnerungen. Prosa. Berlin (Wagenbach) 1986
Vorübungen für Wunder. Gedichte vom Zorn und von der Liebe. Berlin (Wagenbach) 1987
Am Rand unserer Lebenszeit. Gedichte. Berlin (Wagenbach) 1987
Unverwundenes. Liebe, Trauer, Widersprüche. Gedichte. Berlin (Wagenbach) 1988